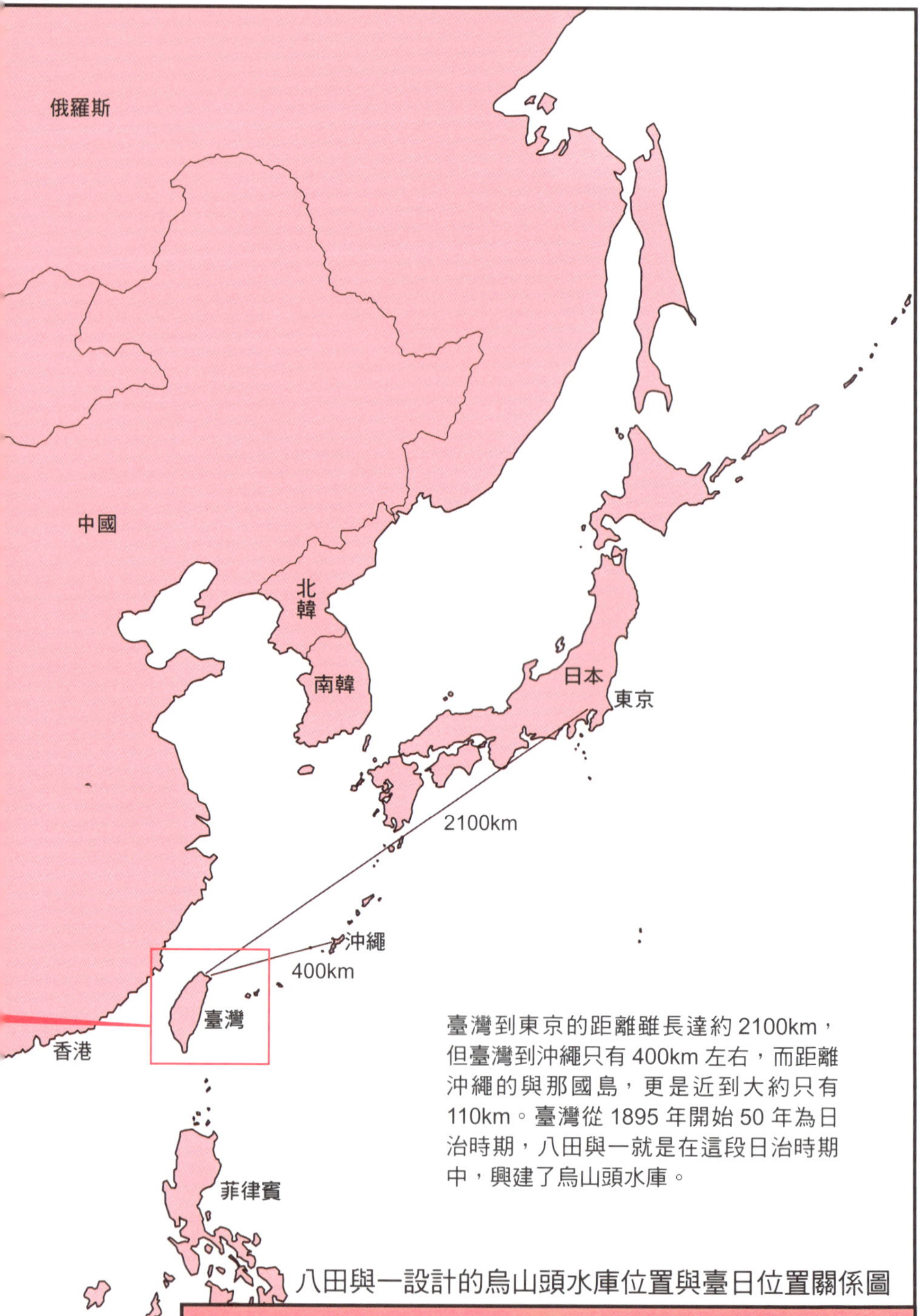
俄羅斯
中國
北韓
南韓
日本
東京
2100km
沖繩
400km
臺灣
香港
菲律賓

臺灣到東京的距離雖長達約 2100km，但臺灣到沖繩只有 400km 左右，而距離沖繩的與那國島，更是近到大約只有 110km。臺灣從 1895 年開始 50 年為日治時期，八田與一就是在這段日治時期中，興建了烏山頭水庫。

八田與一設計的烏山頭水庫位置與臺日位置關係圖

八田與一  相關地圖

水庫完工迄今已逾90年，仍維持正常運作，水路也受到完善的管理。

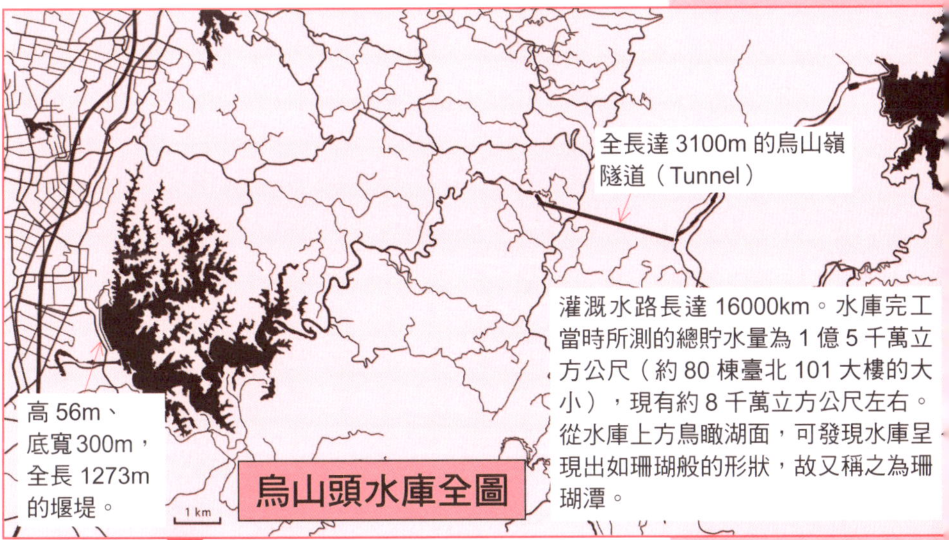
烏山頭水庫全圖
全長達 3100m 的烏山嶺隧道（Tunnel）
灌溉水路長達 16000km。水庫完工當時所測的總貯水量為 1 億 5 千萬立方公尺（約 80 棟臺北 101 大樓的大小），現有約 8 千萬立方公尺左右。從水庫上方鳥瞰湖面，可發現水庫呈現出如珊瑚般的形狀，故又稱之為珊瑚潭。
高 56m、底寬 300m，全長 1273m 的堰堤。
1 km

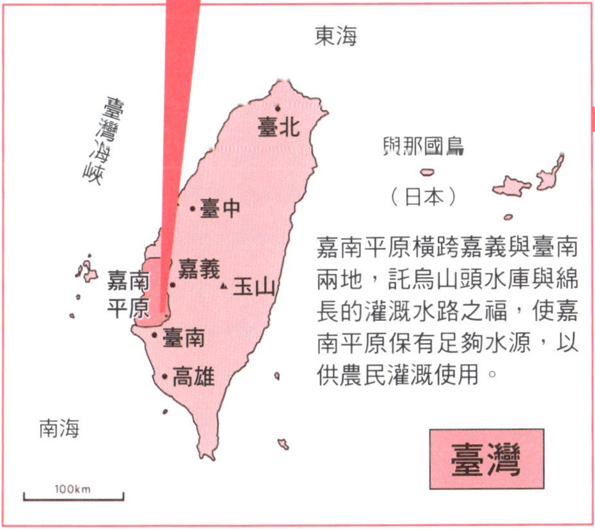
臺灣
東海
臺灣海峽
與那國島
（日本）
臺北
臺中
嘉義
玉山
嘉南平原
臺南
高雄
南海
100km
嘉南平原橫跨嘉義與臺南兩地，託烏山頭水庫與綿長的灌溉水路之福，使嘉南平原保有足夠水源，以供農民灌溉使用。

緬甸
寮國
泰國
柬埔寨
越南

超學習 大人物 養成漫畫

嘉南大圳之父

八田與一

◉審訂
德光重人
（八田與一文化藝術基金會）

◉漫畫
宮添郁雄

◉編撰
平良隆久

◉翻譯
江玉隆
龔千芳

大人物養成漫畫 八田與一

目錄

◉主要登場人物◉

大壁
臺灣總督府
土木局職員

山形
臺灣總督府
土木局局長

外代樹
八田與一之妻

孫河龍
科技公司老闆的
兒子

下村宏
臺灣總督府
民政長官

陳源流
烏山頭水庫
管理分處顧問

八田與一
建設烏山頭水庫的土木技師

❖學習資料館

漫畫／宮添郁雄
編撰／平良隆久
監修／德光重人（八田與一文化藝術基金會）
照片／金澤故鄉偉人館、八田綾子、南一書局
蝴蝶頁插圖／加藤貴大
日文版設計／タイプフェイス（義江邦夫）、設樂滿
協助／金澤故鄉偉人館、仰慕八田技師夫妻臺灣友好會、財團法人紀念八田與一文化藝術基金會、嘉南農田水利會、陳正美、朱榮彬、西拉雅國家風景區管理處、八田綾子、八田守、八田章子、緒方秀樹（財團法人全國建設研修中心）
編輯／李宗幸

朱水益
用功的少年，和孫河龍及林美泉是好朋友。

林美泉
農家子弟

— 序章 —

河龍，這就是你說的那個有趣的地方嗎？
對啊！這個廢墟裡一定有寶藏。
會有寶藏嗎？我覺得這邊比較容易出現鬼吧？
這種地方到底會有什麼東西呢？

喂，這該不會就是寶藏吧？
不是啦，那是以前的收音機，我在博物館裡看過。
以前到底是誰住在這裡呢？
就是因為是個謎，所以才有趣嘛！
這座山上有一個很漂亮的湖，湖裡面還有幾座小島，
我們不要待在這麼陰森的地方了，到湖邊去吧！
那種小島上會有寶藏嗎？
幸好有帶橡皮艇來。
可是上坡路騎起來好累喔！
咦？

※嘰——

※刷～刷～

我好像在哪裡看過那座銅像上的人……
那是誰？
在那座小島的某個地方肯定有寶藏！

呃……我想不起來。
好漂亮的湖喔！

※咻咻
※咻咻
天色變了，動作快。
※躂躂
出發去探險囉！

※嘩啦啦
※嘩啦啦啦
竟然在出發前下起雷陣雨！
早知道就在補習班裡乖乖準備考試還比較好。
忘記看氣象預報了！
那麼用功讀書對將來有幫助嗎？
原來你也有不知道的事情喔！
哼！
可惡！
※碰

哈哈哈
哼！
哇！
哈哈哈！
你老爸是科技公司老闆，你可是有家業可以繼承的。
我們就沒那麼好命囉！
我說過了，我不打算繼承家業，
但是，我老爸為了在中國和其他開發中國家設廠，一直叫我學英文和法文，超煩的！
嘿咻
好啦、好啦！
別氣了！

快住手！
嗯？！
什麼嘛，哪裡來的老頭子！
別煩我。
就說了不可以，你聽不懂嗎？
啊！
慘了！

烏山頭水庫管理分處
為什麼只是在湖裡玩，就要被捉來這裡呢？
笨蛋！
那不是湖，是水庫。
咦？

我是這座水庫管理分處的顧問陳源流，
差一點被你們毀掉的這座水庫，可以說是嘉南地區的命脈。
朱水益、
孫河龍，
以及林美泉。
說我們要毀掉水庫，太誇張了吧！
我們只不過丟了兩、三顆石頭而已。
你們知道嗎？為了建造這座水庫有一百三十多位臺灣人和日本人獻出了寶貴的生命。
一……一百三十多人！

我認識河龍的爸爸，他出身於貧窮的家庭，是透過努力唸書才成功的。
他現在不只在中國有工廠，甚至打算去東南亞和非洲設廠。
那又怎樣？
我討厭毫無目的的唸書。
那你們呢？
我是因為父母很囉嗦，一直叫我唸書才唸的，其實我心裡想的和河龍一樣。
我家是務農的，我的父母也很囉嗦，他們說如果我現在不用功讀書，將來就無法和別人競爭。

父母親要努力工作是他們的自由。
可是，他們勉強我們學外語、學艱深的農業知識和技術，讓我們很困擾耶！
那是因為他們希望你們將來能有所成就嘛！
我才不想離開住起來這麼舒服的國家，去住在開發中國家裡，那太可悲了！
嗯……
現在的臺灣非常富裕，確實已經與各個先進國家並駕齊驅了。
可是，以前的臺灣也和開發中國家沒什麼兩樣啊！

這裡以前原本是一片荒蕪的土地。
當時有人遠從發達進步的日本，
引進世界最先進的技術到這裡。
是日本人嗎？
就是那個人建造了這座水庫。

我想你們應該對那個人沒有興趣，但如果你們聽完我說的話之後，還是想丟石頭，
到時候就盡量丟，我不會報警。
顧問……
真的嗎？
嗯嗯……

第一章　遠道來臺的土木技師

他的名字叫作八田與一，
出生於日本石川縣的農家，在家中男孩中排行第五。
※喧嘩
わ
わ
八幡神社
與一，用力，不要輸！

你也太會垂死掙扎了吧！
スゥッ
※喀
※喝啊
※拉緊
※碰
他從小學時期，就是個孩子王。

八田先生從小學畢業後，
進入了石川縣立第一中學就讀，據說他每天要走十公里的路上學。
來回要二十公里！
八田先生是農家子弟，所以他應該是邊走邊欣賞逐日成長的稻田風景吧！
我懂，因為我家也是務農的。
喔！

一九〇四年，八田先生國中畢業。
我知道，歷史課上學過，
當時，日本正好打贏日俄戰爭。
沒錯。他接著進入了第四高等學校。
之後，考上了日本最難考取的東京帝國大學。
東京帝國大學
好厲害！原來他是個學霸，太令人欽佩了！

畢業後，
他立刻來到臺灣
這個新天地，
在臺灣總督府的
土木局任職。
土木局
打狗（高雄）原本是
英國的鴉片貿易中心，
現在換日本
進駐打狗了，
我們打算
把打狗建造成
一個國際大港，
現在正在開發中。
看來現代化的基礎
已經漸漸成形了！

其實
這樣還不夠。
山形局長
咦？
還不夠？
你太遲鈍了吧！
啊！我知道了，
是電力！
開發高雄
需要更多的電力。
我們要建造大型的
水力發電廠，
所以想委託你
先去做調查。
是。
另外，
還有一點，
嘉義廳長也想
委託你去調查
增加稻米產量的
灌溉設備。
是！

局長，交給那個加賀來的鄉巴佬去做，真的沒問題嗎？
你不喜歡他嗎？
不喜歡，他那天真的眼神，看起來似乎不知道什麼叫挫折。
但是那個加賀來的鄉巴佬很有毅力，
我覺得以整個日本來說，石川縣的老百姓最適合做土木工程。
當時的嘉南地區是一片原始森林，登革熱與痢疾四處蔓延。

這裡的傾斜度夠低，
很適合作為灌溉用水的水庫。
チチチ…
※唧唧唧
※咔嗒咔嗒
這裡的傾斜度夠高，可以善加利用水落下的速度，
很適合用來建造發電用的水庫。

どぉーーっ
ブルル
ヤヤヤ…
※停！噗嚕嚕、咔嗒咔嗒
再來就是要找到適合建水庫的地方，這樣就可以增加稻米的產量了。
※搖搖
ズッ
※拿起
チャポン
咦？
※咔咔
不好意思，請問有人在嗎？
カッ

我們沒有錢啦，你走吧！
嗯？你說錢是什麼意思？
我只是想來要一點水。
水？
要水可以，我哥哥等一下就會提水回來了。
你們都去哪裡提水呢？
去曾文溪！
從這裡去，要花上四、五個小時吧！
※喀！
カッ
你家沒有井嗎？
有，可是井都乾掉了……

你的腳怎麼了？
這是這個地區正在流行的疾病，腳會變黑，然後漸漸壞死。
烏腳病是嘉南地區特有的地方性疾病。由於這地區的土壤鹽分太高，淺井的水太鹹，因而把井挖得更深，導致土壤中的砷溶入水中，長期飲用含砷的水後，砷會累積在體內而致病。

ザッ
※窸窣
ザッ
※窸窣
叔叔真講義氣，只是為了答謝我們給你水，就特地來幫忙。
我的名字叫陳源流。
我叫八田與一，是日本人。
你該叫我哥哥才對！
※窸窣
這些花生結的果好少。
因為今年極度缺乏雨水……
枯水期時，連一滴雨也沒下。
ザッ
一滴也沒下……

オオォ
哇！
※咻咻咻
※啪啪
土太乾燥了，所以只要季風一吹，家裡就全都是沙。
パタ
パタ
這真是一片貧瘠的土地……

這裡能種稻米嗎？
不行，所以我們都改種花生和甘蔗，因為那不需要大量的灌溉水。
對面的田怎麼變白了呢？
那是鹽。
越靠近海邊就越會浮出鹽，
什麼東西都種不了。

不只沒水，還受鹽害所苦，他們的母親更是受到烏腳病的折磨……
這對兄弟的工作量又這麼的繁重。
你怎麼了？
沙子跑到眼睛裡了……
這個烏山頭附近大約住了多少人呢？
大概有六十萬人吧！
六十萬人！
這樣的話，更要快點建造水庫才行！

叔叔出生的地方，沒有缺水的問題嗎？
我出生的石川縣，從三百年前開始，就有完善的水路，可以耕種稻米。
三百年前……！
那是第一代領主前田利家的時代。
在那之前，河川常有大氾濫，人們更常常因為爭水而發生衝突，甚至因此喪命。
他認為不能再這樣下去，因此打通石川縣的水路，灌溉了八千公頃的水田。

八千公頃！日本在三百年前就完成了那麼厲害的水路系統嗎？
是啊，但光引水是不夠的。
更要維持穩定的水流速度和適當的水量，
運用重力使水落下，讓水能流至數公里外。
原來如此！
如果水量不對，就會從水路中溢出，這樣就流不到田裡了。
那麼……要怎麼做才能控制水呢？
我也曾問過八田先生這個問題，他說……
你的頭腦很好喔！
除了要學習物理學、數學、水利學、測量學、結構學等所有的理工學科之外，
更要學習地理知識、地質與地表的結構等。

哇！那麼多啊！
在以前日本加賀的諸侯領地裡，設有「明倫堂」，教授數學、測量技術、曆法、天文學等學問。
還有現在的多元多次方程式、牛頓法、白努利級數等高難度的數學。
可是最令我意外的是，解出那些難題的竟然是農民。
農民！

據說，
他們會互相出
相當困難的問題，
把解題當成
一種娛樂。
日本神社裡有一種
叫「算額」的東西，
是將解出的數學題
當作匾額一樣掛上去。
那些匾額
就供奉在神社裡，
至今依然
高掛在門的上方。
我當時認為，
那是不可能的事……
怎麼會不可能呢？
那是因為你沒有打從
心裡想要獲得那些知識，
才會說不可能。

源流，
如果你認為這裡沒有人能傳授這些知識，你就必須成為那傳授知識的第一個人。
那……那麼，拜託你收我當徒弟，
讓我成為那第一個人！
呃！
唉，也好啦，
雖然你還小，可是我就收你為徒吧！
咦？
太好了！

※烈日
之後，我每天陪著八田技師走遍嘉南平原的山區。
チチチ…
※唧唧唧
在烏山頭，還存有荷蘭時期
與清領時期所建造的埤池遺跡。
就是這裡！這裡絕對可以堰止主要水源，用來滋潤這片貧瘠的土地。

第二章　突破常規的建設計畫
臺灣總督府
※喀
カッ！
為什麼他的計畫案會呈報到總督府呢？
……
コッ
カッ
※喀噠
若是發生什麼事的話，你可要負起全責喔！
八田！
カッ
※喀

把八田的計畫案呈報給上級的人是我，所以我也會負責。
咦！
民政長官室
報告！
※叩叩
山形，我看過計畫案了！
是。
那是要灌溉整個嘉南平原的計畫，
你把這個計畫的目的說來聽聽吧！
民政長官　下村宏

八田，你來。
最初的計畫是希望每年可以供水灌溉七萬公頃的土地。
但是除了這七萬公頃可以有所收成之外，其他地方仍是荒蕪的不毛之地。
嘉南平原
是……是！
這麼一來，只有土地被灌溉到的農民可以變得比較富裕，
嘉南平原
土地沒有被灌溉到的農民會變得更貧窮，因此會出現非常顯著的貧富差距。
這種形成落差的社會，對臺灣的將來絕對是不好的。

你說得有理！
話雖如此，可是，最重要的資金該怎麼辦呢？
我們根本沒有資金能執行這項計畫，這只不過是紙上談兵！
整個嘉南地區的總灌溉面積，具體來講，大約是多少呢？
咦！
雖然還沒有做過詳細測量，
但我們預估是十五萬公頃。
十五萬！
十五萬的話，那可是比我們的首都東京市還要大兩倍以上耶！

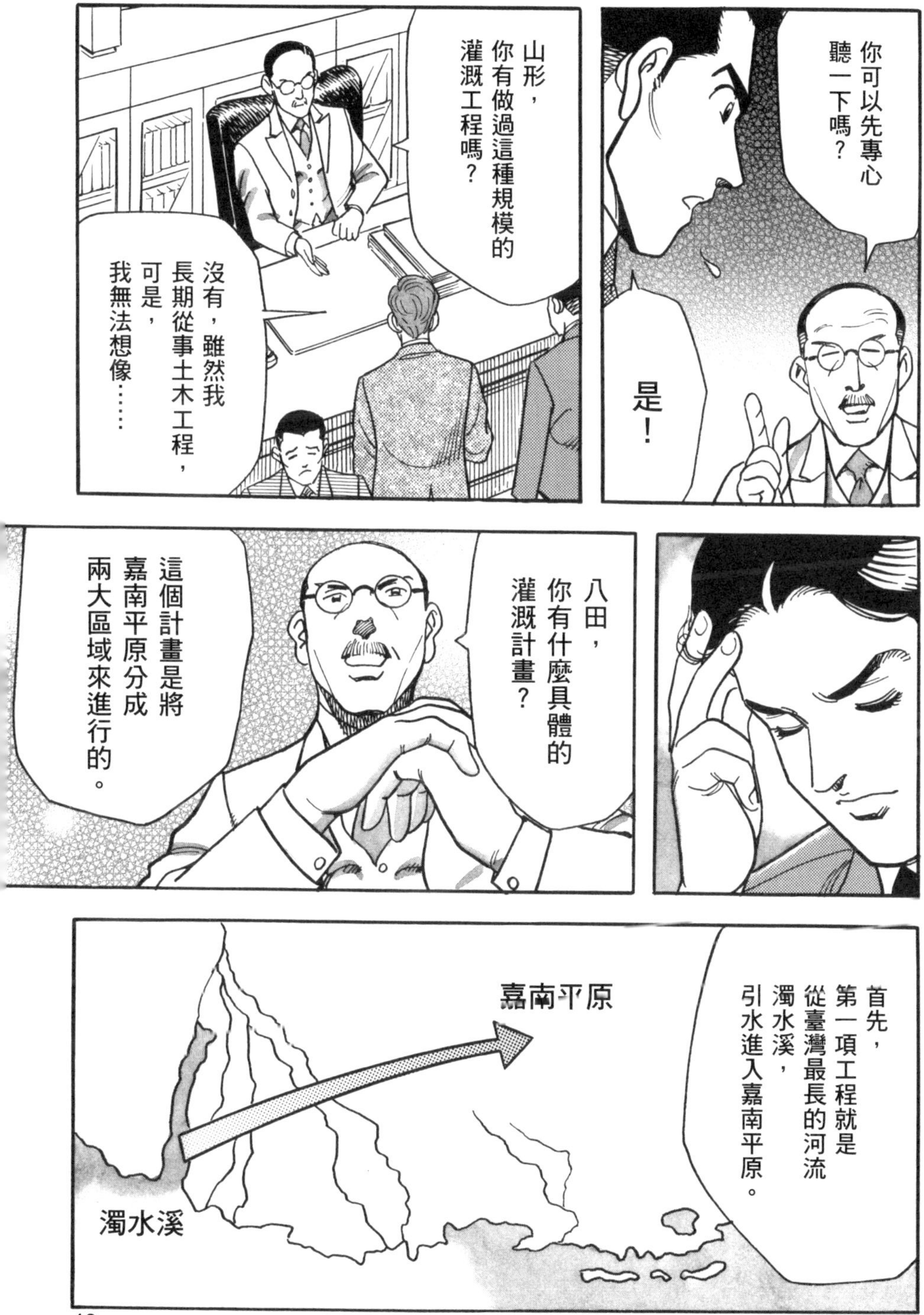
你可以先專心聽一下嗎？
是！
山形，你有做過這種規模的灌溉工程嗎？
沒有，雖然我長期從事土木工程，可是，我無法想像……
八田，你有什麼具體的灌溉計畫？
這個計畫是將嘉南平原分成兩大區域來進行的。
首先，第一項工程就是從臺灣最長的河流濁水溪，引水進入嘉南平原。
嘉南平原
濁水溪

分別在三個地方設下取水口，
導水路在中途合而為一，流入幹線水路。
水
要分散在三處是因為濁水溪正如其名，
水濁且含有大量砂土，很可能造成阻塞。
原來如此，就算一處被塞住，還有其他兩處可用，也可趁這段期間清除阻塞的砂土。
從濁水溪而來的水通過幹線、支線再到分線，灌溉斗六、虎尾、北港等約五萬公頃土地。
濁水溪
斗六
虎尾
北港
那剩下的十萬公頃呢？

這裡有一條叫作曾文溪的河流，
曾文溪
全長一百三十八公里，是臺灣第四大河川，
其支流官田溪延伸至一處叫烏山頭的山谷中。
烏山頭
曾文溪
要在那裡建水庫嗎？
是的，第二項工程就是要建造一座總貯水量達一億五千萬噸的水庫。
滿水面積大約是十三平方公里。

真的是大到無法想像。
絕對不可能！
為什麼？
因為本來就沒有可滋潤大地的水。
有的！
曾文溪的年平均流量大約有十二億噸，
多到就算在烏山頭建水庫貯水都還有剩。
烏山頭
曾文溪
笨蛋！

你沒看到在曾文溪和官田溪之間，有一座烏山嶺嗎？
只要把烏山嶺打通，就可以引水過來了！

在烏山嶺下方打通隧道來引水，
長約三千公尺，內徑約十公尺，每秒約可供水五十噸。
原來如此。
還有這個方法啊……
※涮
那條隧道要用什麼施工法來建造呢？
用潛遁推進工法！
那種施工法適用於鬆軟的地表。
可是，在日本也沒有建造過內徑大於八公尺的隧道啊！
什麼……難道就沒有技術可以克服嗎？
如果採用德國式的施工法就一定沒問題，那是我的專長。

咦？大壁，你說你做得到？
做是做得到，可是……
水庫的規模呢？
全長約一公里，高約五十公尺。
怎麼可能！就算在日本境內也沒有建過，
連美國這樣擅長建水庫的先進國家，也只有兩、三個成功的先例。
那要用什麼施工法來蓋這座水庫呢？
用半水力回填式工法。
那種工法在美國也是只有少數幾個例子，
在亞洲則是完全沒有先例。
為什麼老是要找先例、先例……

好了，大壁，別說了。
可是，那種施工法是用石塊或砂石來建造的方法，難道不能用水泥來建嗎？
那是因為當地的土質鬆軟，再加上臺灣有很多地震。
啊……真不愧是大壁先生。
要讓那種工法成功的話，就必須強化黏土層，就算遇上地震也不能有漏水的現象。
我保證一定會找到具有黏性的土壤。
※啪
真的嗎？
是！

你不要隨便答應那麼重要的事，
用那種工程法去建造這麼大規模的水庫，全世界都還沒有這種案例。
八田，你先去外面等一下。
是。
※砰
長官，建造發電廠才是高雄目前的當務之急。
重要的灌溉設施工程也還沒有……
光是想到要灌溉十五萬公頃，就令人頭昏腦脹了。

如何？
※喀嚓
※喀噠
因為還沒有正式決定，所以我也無法回答你。
這樣啊！
你先不要這麼失望。
哼！反正只要送去大藏省*，就會被當成笑話踢出去……
辛苦你了，這項調查很累人吧！
不會……

* 大藏省是日本明治維新至西元兩千年之間的日本中央財政機關，現已改制成財務省和金融廳，相當於我國的財政部。

請問……
如果可以，
能讓我請假嗎？
金澤的家裡
提起了我的婚事，
叫我回去一趟。
哦——
因為你太優秀了，
所以我只顧著
派工作給你。
希望你能遇到
一位優秀的
女性。
那就請讓我
請假吧！
※喀噠

山形，
我看過你交上來的灌溉計畫了。
明石閣下，這是在下的光榮。
你就是協助做出那份計畫的八田嗎？
是的。
你要加油喔！
他就是傳說中的……
明石元二郎＊閣下嗎？
對我們土木部而言，他是個可靠的靠山。

＊ 明石元二郎（1864-1919）：日俄戰爭期間，因在俄國境內製造混亂並取得勝利而聞名的陸軍軍官。

第三章　相親結婚與建設水庫

相親在八田家中舉行，
相親的對象是米村外代樹小姐，她的父親是醫師公會會長，也是縣議員。
她在女子學校中，是位成績優秀的才女，
除此之外，還長得非常漂亮。
※害羞

事情進行得非常順利，
雖然出現一些反對意見，但外代樹小姐也對與一一見鍾情。
ボーー
請不必擔心，
我們是「相親」相愛的一對，所以無論一起去哪裡都沒有問題的。
小姐！
那孩子……
太不端莊了！
はっは
※哈哈
※咘——嘩沙
於是他們兩人出發前往臺灣。
ボーー
ザァァ…

兩人在熱鬧的台北商圈中租房子，在這裡來來往往的都是臺灣人。
我覺得既然來到臺灣，與其住在都是日本人的地方，
和日本人聚集在一起，還不如住進臺灣人的商圈，才能融入當地的生活。

經過了一年的時間……
土木局
八田，你在發什麼呆？
我好像提不起勁。
是啊，因為灌溉計畫不一定會過關，
而且你美麗的太太也回去金澤待產了，對吧？
喂——八田！
下村長官找你。
一定是要談水庫的事。

民政長官室
拉緊
※叩叩
心情好沉重……
一定會被駁回吧！
請進。
上頭決定請你先撰寫計畫書，之後再看看要不要編列預算。
加油！
咦!!
是、是。
我一定會全力以赴！

八田先生，有您的電報，是從日本傳來的。
※叩叩
太好了，我有女兒了！
耶！
這麼一來，我得更加努力完成計畫書，讓水庫預算通過才行！

ドオ！
※嘆、叭噠
※轟轟
ブォオオオォォ
バババ
※咚咚咚咚咚咚
ドドドドドド…
真的來了！
哥哥，八田技師來了！

我上次有跟你說過……
要在這片土地上引水的事嗎？
他們只是來測量而已，等測量過後就會因為太花錢而停擺了。
以前統治過臺灣的荷蘭和清朝也都沒有開設過水路，
你不要相信那種夢話！
ザッザッ
※窸窣
是這樣嗎……？
不過，八田技師並沒有離開，
而是在烏山頭上蓋了一棟小屋。

就這樣吧！計畫書的預算表呈報期限就設在半年後。
半年?!
短短半年的時間，就要完成臺南和嘉義所有土地的測量。怎麼可能?!
更何況還有水路的測量、水庫的測量和各項工程的鑑價。
你們不要認為不可能，去做就對了！
明明就是不可能的事，你卻硬要做出成績來。
小出，別說了！
你們知道嗎？
嘉南地區的人一天要花四、五個小時去取水。

パサッ
而且，這裡的農民深受鹽害所苦，心中充滿絕望，不敢奢望會有豐收的一天。
※啪
有些人不得已只能飲用井底的髒水，導致很多人感染到烏腳病。
唔！

如果土木工程只是為了少數人的績效，或只為了填滿荷包，
那我們就不需要土木工程這種東西了！
土木工程的真正意義與價值，應該是讓人們可以有更多的時間去享受生活。
給人們更多的時間？

確實！白天的工作時間縮短了，晚上就能靜靜的思考人生或和家人聊天。
讓人們有過自己理想生活的自由，才是土木工程的真諦。
而且，還能讓農作豐收，讓人們對未來抱有希望，
我們的任務是要給人們一個衛生的環境，讓他們可以健健康康的過日子。
只要生活變好，人們就會心存善念，進而向學，求取新知。
我希望嘉南的人們可以擁有這股力量，請各位務必助我一臂之力。
如果可以完成這個使命，我願意粉身碎骨也在所不辭。
嗚……

八田技師他們
真的很認真工作，
天亮之前就展開測量，
比我們農民更早開始工作。
※炙熱
ギラ
ギラ
太陽升起後，
南臺灣的強烈陽光
無情的襲擊他們；
每天在烈日下測量，
晚上只睡三、四個小時；
在這樣艱困的工作下，
很多人都病倒了。

※唰
喂，源流！
八田老師，有什麼事嗎？
你知道這附近哪裡有很多二、三十公分大的鵝卵石嗎？
曾文溪的大內庄有你說的鵝卵石。
你能幫我帶路嗎？
※唧唧唧
就是這裡。
※颯、颯

嗯！
這……這是……
這附近全是這種石頭。
啊！
不只有鵝卵石，也有細沙和泥沙，居然還有具黏性的土壤。
你要那種東西做什麼？
就是這個！
這就是最重要的水庫建材。

於是，七個月後……
完成了……
真的很感謝各位鼎力相助……
光是水庫的設計圖，就有三百多張。

這……這不算什麼啦！
說……說得……
……沒錯。
你們沒事吧？
※噗咚
ぐおお…
※呃啊
你們做得很好，
接下來，我一定會讓預算通過的。

大藏省
預算部
我在日本國內也沒有看過規模這麼大的建設計畫，
而且工程費用竟然高達三千八百萬圓*。
臺灣在糧食上必須自給自足，
這個計畫如果可以實現，臺灣的糧食甚至還能出口。

*當時的三千八百萬圓，大約是現在的一千億臺幣。

日本現在不是正因為稻米不足，引發暴動嗎？
只要這個灌溉計畫成功的話，就可以把多餘的米送回日本。
什……什麼？真的嗎？
稻米不足是當時日本很嚴重的社會問題，
米
大藏省在討論過計畫書與預算案之後，
終於答應臺灣總督府的要求。
大藏
※咚
一九二〇年，計畫書提交到帝國臨時議會。
本案決議通過。

太好了！
這樣就可以蓋水庫了！
不……臺灣的農民還是有反彈的舉動。
因為他們知道就算進行灌溉工程，也無法一口氣把水供給到十五萬公頃的土地上。
咦——!!
而且，不只水沒有來，每一公頃的土地還要多負擔十圓的費用，這一點是無法容忍的。
沒錯、沒錯！

我家的祖先，代代都是種植甘蔗或花生，
所以不需要工程，也沒有必要繳錢！
沒錯、沒錯。
沒有任何一個農民可以接受官方的說法。
請各位聽聽我的想法。
你的想法？
我在聽了農業中央研究員的意見之後，突然想到，
我想到可以把嘉南地區分成三個區域來供水。
三個區域？

水
稻米
甘蔗
雜糧
有水的那個區域拿來種稻，其他就種甘蔗和雜糧。三個區域輪流耕種，不僅人人公平，還可以永遠保持土壤的肥沃。
開什麼玩笑，現在米正在漲價，
大家都想種稻啦！

＊ 贌耕字或墾批字:地主與佃農簽訂生產交換關係的契約，又稱「佃批」。(出處:臺灣地權與租佃關係研究資料庫)

我們臺灣的農民有種叫贌耕字＊的制度，
佃農向地主借土地，種植自己想種的東西，要施用的肥料由雙方各出一半，收成的農作物也各得一半，
這個制度已經實施好幾百年了。
而且清朝的官員也對我們的祖先說要灌溉，向他們騙錢。
清朝的官員和日本的官員都是一樣的！

不！八田先生不是那種人！
小孩子不要插嘴！
拜託讓我說，他其實和我們一樣是農民。
咦？
他出生的地方好像有著日本最肥沃的土地，
那邊的農民們都是先學習灌溉技術之後，再耕田種稻！

而且他看到我家的田地受乾旱及鹽害後，流下了眼淚，
看到我母親的烏腳病之後還哭了。
到現在為止，沒有任何一個官員是這樣的！
他為了實際探勘建造水庫的場所、為了確認水路要延長到哪裡，
每天犧牲睡眠時間，還畫好了設計圖。
……

我很了解八田先生的為人！
可是，我們每天都被生活追著跑，而且很少人讀過像樣的書……
那沒問題，我們會教各位提高稻米產量的種植方法，
也會教各位水的管理方式。
你都說到這樣了，我們就當作再被騙一次吧。
我們所有農民都會協助你。
謝謝大家！

*「出張所」相當於現今的辦事處。

烏山頭是未開發的原始林，
你要讓婦孺住在這種可能罹患登革熱或痢疾的危險地區嗎？
原始林可以開墾，
工作之餘，要是能夠看到心愛的家人，絕對可以成為工作的原動力。
可是……
預算嗎？
是的，要和家人同住的話……
我直接去向上級申請。
拜……拜託你了，我也想和家人住在一起。
哈！原來如此啊！

第四章　亞洲第一的烏山頭水庫

一九二一年，眾所期待的烏山頭出張所和宿舍完工了。
外代樹也已經產下兩名子女。
接下來要更加努力囉！

為了如期完工，
八田技師
從美國及德國
大量引進
當時最新型的
大型機具。
※叩叩叩
嘉南平原的
灌溉工程分為
兩部分進行，
一部分是從濁水溪
引水進入嘉南平原
的導水工程，
※叩叩
主要是靠兩臺
蒸汽挖土機
來施工。
※鏘鏘

※叩隆
剛開始，大家都不大清楚機器的操作方式，
但日本人習慣操作機器，很快的就逐漸熟練了。
輕鬆
※涮！
第二部分就是水庫工程。
※咔啦咔啦
※咘——
ポーッ
汽鏘
汽鏘

大部分建造水庫所需的
建材，都是在大內庄
找到的拋石、石礫、
砂石、淤泥、黏土，
所以要
透過鐵路
來運送砂石。
※叩隆叩隆叩隆
上百輛的貨運車
裝滿了砂石，
由德國製的十二輛火車，
夜以繼日的
不停運送砂石。
※叩隆叩隆
我經常坐在
運砂石的
列車上。

※咘咘——咘——
當時烏山頭的兩側山丘上都設有軌道，用來運送砂石。
ポー
ポッポー
※咔鏘
※唰——唰——
氣壓式翻斗車會將砂石倒進山谷，以砂石建造水庫的堰堤。

為了建造水庫的牆壁，從左右兩側倒入拋石或細砂。
水庫堰堤的底寬設計為三百公尺，
所以兩側軌道的距離遠超過三百公尺。
咦?!光用砂石就可以埋掉寬三百公尺的大山谷嗎？
沒錯！而且全長約有一千三百公尺。

ドオオオオ
然後，
從水庫堰堤的內側，
以強力水柱
噴那些砂石，
※咚涮——
ザア…
※涮——
ドドドド……
※咚咚咚……
這麼做的話，
大的石頭會直接
留在外側，
其他沙礫
依石礫、沙、淤泥、
黏土的順序，
會被水柱沖入
內層中心。
ザラララ…
※涮——

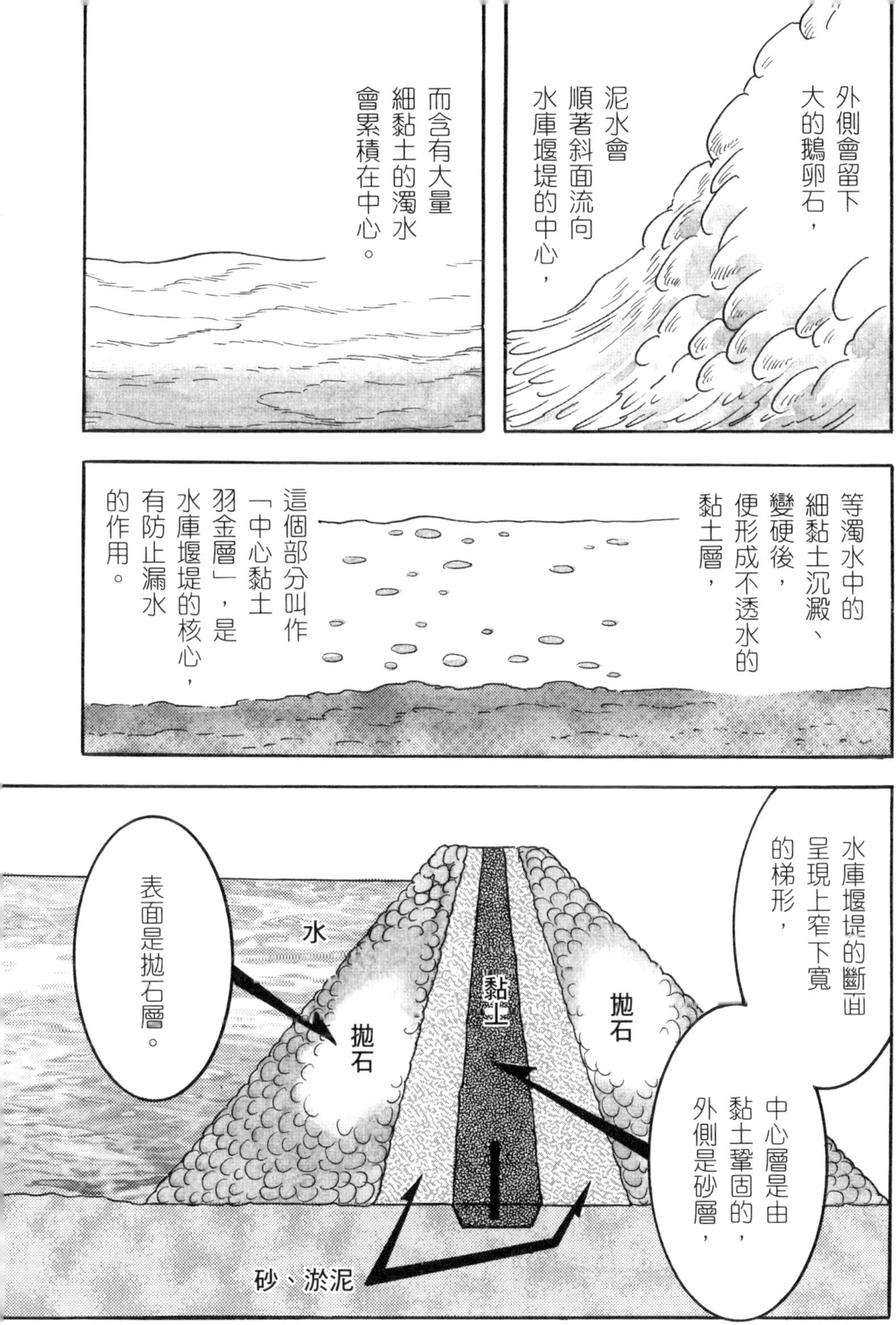
外側會留下大的鵝卵石，
泥水會順著斜面流向水庫堰堤的中心，
而含有大量細黏土的濁水會累積在中心。
等濁水中的細黏土沉澱、變硬後，
便形成不透水的黏土層，
這個部分叫作「中心黏土羽金層」，是水庫堰堤的核心，有防止漏水的作用。
水庫堰堤的斷面呈現上窄下寬的梯形，
中心層是由黏土鞏固的，外側是砂層，
表面是拋石層。
水
拋石
黏土
拋石
砂、淤泥

為什麼要這麼麻煩呢？
如果不用細黏土好好的做好中心層，
貯水池的水會滲流到外面，到時候水庫就會整個崩塌。
崩塌！
接著要抽乾泥水，讓水牛踩踏堰堤的中心部位來穩固堰堤。
因為當時沒有壓路機，所以讓笨重的水牛一步一步仔細的踩，踩到連一滴水都不會從堰堤滲漏為止。
大約要五百四十萬立方公尺的砂石才能夠建造這座水庫，這數量非常驚人。
在達到高五十六公尺、長約一千三百公尺之前，每天都重複做著相同的工作。

從宿舍的規模來看，
推算應有上千名員工
及其眷屬，
住在烏山頭的宿舍裡。
為了讓工作的人
有娛樂活動，
建造了射箭場、
游泳池、網球場
和販賣部。
六甲尋常高等小
還設立了
學校和醫院，
不分臺灣人、
日本人，大家都在
同一間教室上課。
每個月也有
電影上映，
御用
御用
御用
娛樂場裡面
可以打撞球，
下象棋、圍棋，
也可以自由的
打麻將。

八田技師喜歡下棋。
抓抓
暫停、暫停！
別鬧了，已經叫第三次暫停了！
老大，對手是小孩，不公平喔！
笨蛋！如果不叫暫停，我會輸啦！
好啦，最後一次了喔。
※啪
啊！換我暫停。
不行！
如果讓你叫暫停，我就輸定了！
嘖！

月亮出來了，
月亮出來了，
月亮出現在
烏山頭了！
※咚咚咚
※咚咚、叩叩
※咚咚咚
外代樹小姐跟著大家一起跳舞，
她對工人及工人的小孩很溫柔，無論走到哪裡都受到大家的愛戴與歡迎。

※咔躂咔躂
八田技師工作非常努力，
總是親自到每個工地現場監督工程的進度。
每天看資料看到深夜，
睡眠時間只有四個小時左右。
不過他總會在中午時分，稍微休息片刻。
但就連這短短的休息時間，他還是坐在山丘上，眺望著水庫。

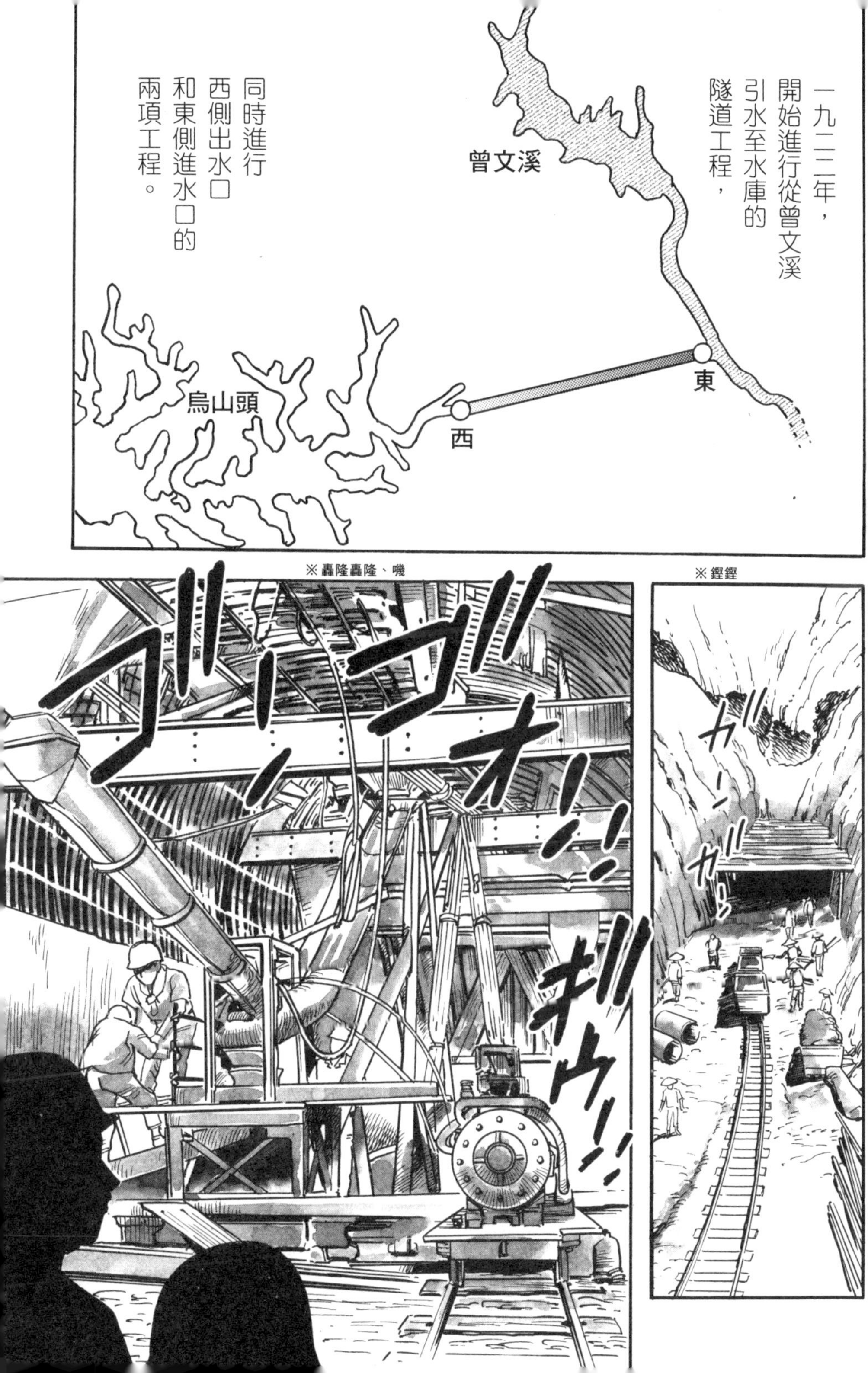
一九二二年，開始進行從曾文溪引水至水庫的隧道工程，
曾文溪
東
西
烏山頭
同時進行西側出水口和東側進水口的兩項工程。
※鏗鏗
※轟隆轟隆、嘰

幸好採用了大壁先生所說的德國式施工方法來進行。
※轟轟、嘰嘰
當然了，因為目前完全沒有用潛遁推進工法來打通內徑長達五公尺隧道的先例。
※轟轟
非常感謝你的協助！
不過，我本來以為，你只是在反對我的提案而已。
笨蛋！
唔！
總督府決定的工作，我一定盡全力去做。
而且我是隧道專家，當然要提出建議。

這裡面好熱喔！
隧道工程就是這樣啊。
※嘰嘰
太厲害了，大壁先生一滴汗都沒流……
※嘰嘰
八田，這裡交給我就好，你去監督水庫的工程。
可以嗎？真是不好意思，那就拜託你了。
※咻～
シュ～
土壓比想像中的還要強！
對啊，說不定會噴出泥漿喔！

※咻～
※咔啵
※轟隆

ドカ

發生什麼事了?!
我立刻衝過去看。
從燃燒的隧道中，陸續搬出遺體及受重傷的傷患。
豐水哥！

哥……哥哥！
哥哥！
發……發生什麼事了？
怎麼了？
啊！大壁先生！
是瓦斯，突然有氣體從油頁岩噴出……
被油燈的火……
對……對不起！有我在還發生這種事。

不是大壁先生的錯，
大壁先生去看另一邊的挖掘狀況，在他回來之前就發生爆炸了。
那只是藉口而已，如果我多注意……
不！
我一開始就應該聽大壁先生的建議，不要建造這座水庫才對。
你……你別亂說了！
咦？

雖然工程是不容許發生意外的，
但不管怎麼樣，還是會伴隨著危險！
八田！雖然我老是把預算和先例掛在嘴邊，但老實說，當你提出這個計畫的時候，我真的非常高興。
……！
我和你，還有山形局長，都是土木技師，
你要繼續施工，為了臺灣的農民，絕對……
不要放……棄……
大……大壁先生！

總共有五十多個臺灣人和日本人，在工程中犧牲了生命。
五……五十多個人！
爺爺的哥哥也不幸喪生了吧？
嗯。
八田技師一一慰問遺族，用臺灣的傳統儀式向亡者致意。

事故後，八田技師便失去蹤影，
水庫的工程也中止了。
經過調查發現，工人們早就知道隧道中有瓦斯味，
卻沒有把這件事向上呈報，還私下將石油帶回去當燃料。
雖然，事後再次施工，可是……
八田技師的意志卻很消沉。

※叩叩叩叩隆

總督府中，有很多官員對事件表示擔心，
甚至出現一些聲音，表示水庫本來就不可能建得成。
如果沒有外代樹夫人的鼓勵，八田技師可能就會放棄這一切。
?!
スッ
※搭上

每天聳著肩、彎著腰，
這樣不大好喔！
這個肩膀養活了我們一家人，
也養活了上千個住在烏山頭的人，
肩負重責大任，真的很辛苦。
臺灣人和日本人都要依靠這個肩膀。

請你回頭看一下。
咦？
啊！
八田先生，您應該不會因為這次意外而放棄這項工程吧？
如果放棄，就真的不知道那麼多人是為了什麼而犧牲了！

沒錯，請您絕對不要退出工程。
如果現在停工，我們真的不知道我們的丈夫是為何犧牲了！
失去家人確實是很深的傷痛，更是無法彌補的。
可是，你為了我們、為了臺灣而拚命工作，所以我們絕對不會恨你。
我們都沒有失意了，你怎麼能露出一副沮喪的表情呢？
如果就此停工，那我們嘉南人就只是平白無故的犧牲了，而且往後還是要過著沒有水的生活。

對！你們說得很對！
為了死去的人，我要把工程……
繼續做完才行！
嗯！
如果不這麼做，
就不是八田大叔了！
對！
沒錯，太好了！

八田先生終於打起精神，再次展開工程，但不幸的是一場更大的災難襲擊日本。
※轟轟轟轟
關東大地震！
多達十四萬人在地震中喪生，四十四萬棟建築物毀於一旦。
ゴゴゴゴゴゴ
……

復興家園需要一筆龐大的資金，
因此臺灣總督府把原本就為數不多的錢送回日本並且下令要裁減水庫工程中一半的員工。
一……一半！
唔……沒有任何一個是不需用到的人……
八田

到最後，沒有能力的人還是會被開除吧！
因為社會是很嚴厲的。
不！八田技師是先開除優秀的人。
咦！為什麼？
因為優秀的人就算被辭退，也會有其他地方搶著要。
對不起！等日本重建後，有能力時，一定會再雇用你們的。
我們會等。
請您一定要叫我們回來。
原來如此，如果是普通人，他的家人就要流落街頭了。

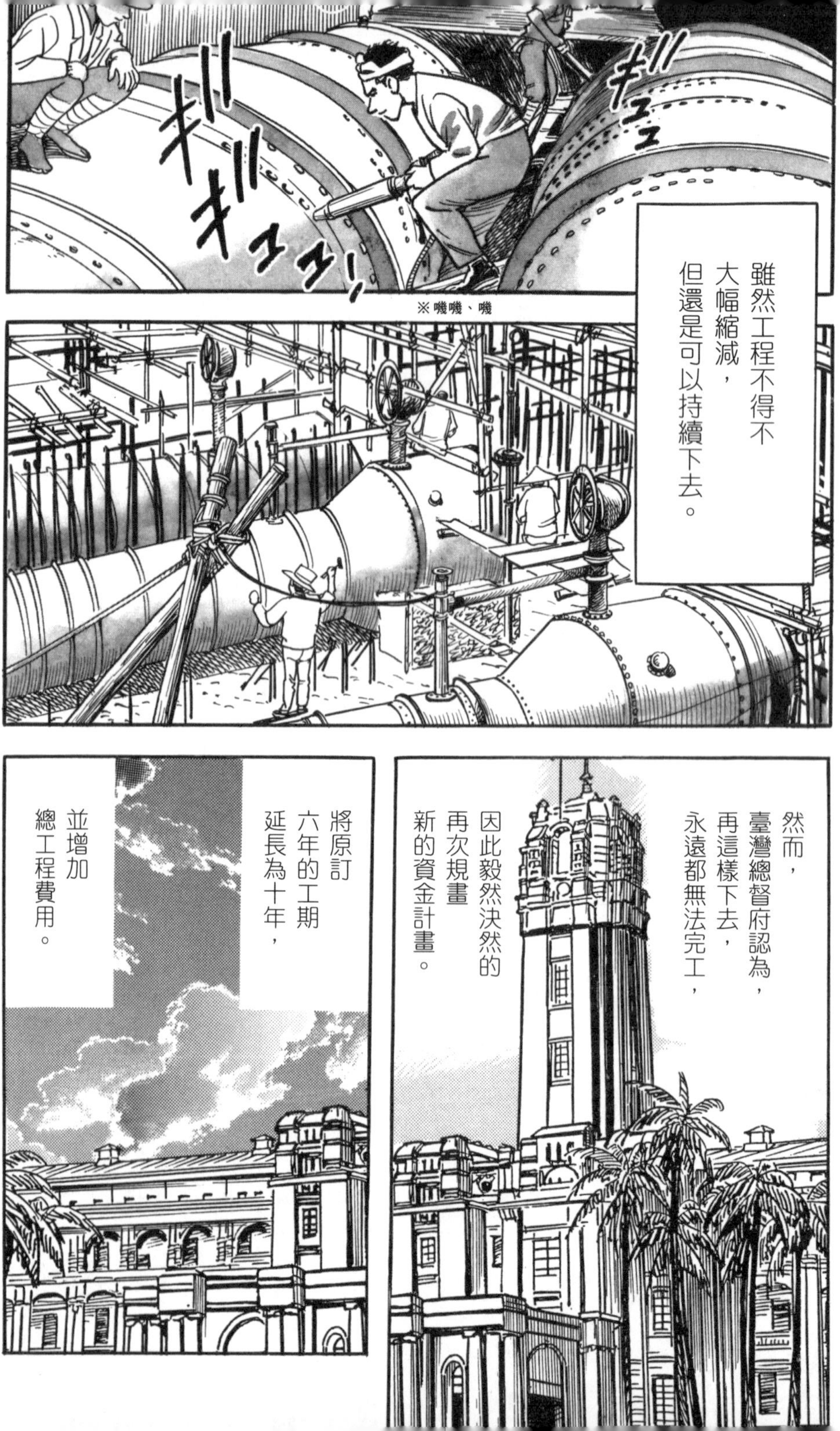
雖然工程不得不
大幅縮減，
但還是可以持續下去。
※嘰嘰、嘰
然而，
臺灣總督府認為，
再這樣下去，
永遠都無法完工，
因此毅然決然的
再次規畫
新的資金計畫。
將原訂
六年的工期
延長為十年，
並增加
總工程費用。

為什麼除了延長工期，還要增加工程費用呢？
因為他們認為在這段期間之內，日本應該可以重建。
事實上，日本真的奇蹟般的完成了震後重建工作。
水庫建設也借到低利貸款，分二十五年攤還，農民的土地也由原本一公頃徵收十圓，減為五圓。
這個計畫讓資金能順利調度，先前辭退的人也能再請回來。
謝謝您依照約定讓我們回來。
你們似乎吃了很多苦。
那算不了什麼啦，我連鬍子都來不及刮就衝回來了。

大部分被辭退的員工都被找回來，
烏山頭再次充滿了活力。
※捲
太好了！
坂井，我去對面看一下，
這裡就拜託你了。
是！
八田先生像是變了個人似的，充滿了活力。
是啊，他的孩子剛出生，
當然會更加拚命嘛！

八田
※咻
唉呀呀！
真是的！
我都聽說了，大家說你是因為孩子剛出生，所以更加拚命工作。
要注意身體，不要操勞過度喔！

やったーっ
やったーっ
※太好了、太好了
わあああああ
※啊嘩嘩嘩
一九二九年，工程中最艱難的部分——烏山嶺隧道終於打通，
雖然許多人在工程中犧牲了生命，但這條長達三千一百公尺的隧道，終於完成。
這全是託大壁先生的福，才能打通這條隧道。
從水庫動工算起，已經過了九個年頭。

而我也已經二十歲了，
在八田技師的好意協助下，
我進入大學讀書，
※嘰嘰
只有在暑假等
較長的假期，
我才會回來幫忙。
※咚咚咚
隔年——
一九二〇年，
水庫終於
完工了。

烏山頭水庫
全長約一千三百公尺、
高五十六公尺，
是當時亞洲
第一大的水庫。

從開工到完工，
總共花了八年半的時間，
前前後後從大內庄運了
五百四十萬立方公尺
的砂石到烏山頭水庫，
數量大約是三棟
臺北一〇一大樓的大小。

※萬歲！萬歲！

好，要準備送水了！
咕嚕
※咔啦
來吧！

※轟隆隆
※咚

ゴオオ

成功了！
有水了！
わーっ
わー
ーっ！
有水啦！
※哇！哇！
有啦！
看著
宏偉壯觀的水勢，
在場的農民
無不欣喜若狂。

傾斜度為1%的水路，
從標高一百六十六公尺的
水庫奔流而下，
每前進一百公尺
就降低一公尺，
幾乎沒有任何誤差。
原來如此，
要設計成傾斜的水路，
水才可以順流而下。
沒錯，
水路的上游位於
濁水溪和烏山頭，
如同網狀般
遍布嘉南地區
十五萬公頃的
土地，
總長度將近
一萬公里。
一萬公里！

當時嘉南地區的
農地有鹽害，
所以須要用水
把鹽洗掉，
因此也設計了
許多排水路，
讓洗過的鹽水
可以流進大海。
排水路總長達
六千公里，
排水路加上
送水路的長度，
大約是一萬六千公里。
這個長度可以
繞臺灣本島
十三圈，
大約是萬里長城
的兩倍。
萬里長城的兩倍！

媽媽！
媽媽，有水了，水來了！
啊……
這樣今年就絕對可以大豐收了。
嗯！
ザアアア
※淙淙淙
農民終於可以不必再受鹽害和乾旱之苦了。
原來灌溉需要這麼多特殊的設備啊！
其實不只如此，所需的設備多到你們無法想像。

水路上方還須設置水路橋、鐵路橋、天橋，
還要建造防潮堤防和防潮自動排水門。
超過四千處的建築物上，裝設了相關設備。
還有防止河川氾濫的防水堤防，連電話都設有兩百四十七具，專門用於監視水門和水庫內的聯絡。
天啊！
這些數字光是用想的，就會讓人嚇得暈倒。

當初就是因為有這些設備，嘉南平原的人口從六十幾萬增加到將近一百萬人，大家終於有好日子過。
可是……
農民的生活真的有變得富裕嗎？
稻米的收穫量是建造水庫前的六倍，
甘蔗也增加了一倍的產量。
好厲害喔！

慶祝水庫完工的
竣工慶祝大會，
ざわざわ
わいわい
ざわざわ
わいわい
持續了
三天三夜。
※熱鬧喧嘩
各位辛苦了。
老公，
你也辛苦了。
※鏘！
還好有你
在背後
支持著我。
※砰

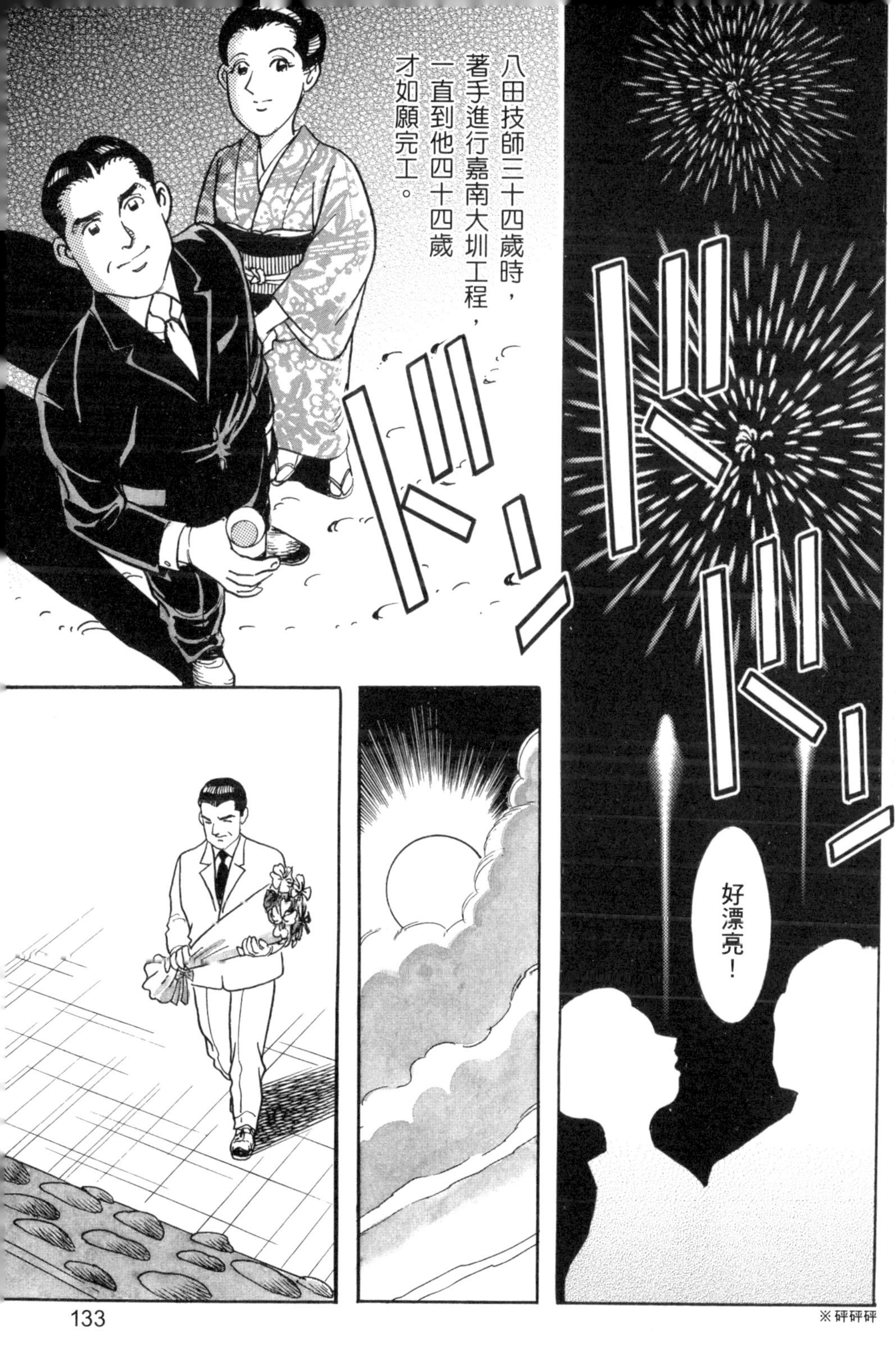
八田技師三十四歲時，著手進行嘉南大圳工程，一直到他四十四歲才如願完工。
好漂亮！

※砰砰砰

這座殉工碑是為了弔祭在工程中殉職的人。
有很多人在工程事故中喪生，還有很多人因水土不服而生病過世，人數多達一百三十人以上。
殉工碑
在殉工碑上，不分臺灣人或日本人，所有殉職人員的名字都被刻在上面。
水庫完工後，八田技師就回去日本了嗎？
他還是留在臺灣。
他深覺臺灣的開發需要更多的技術人員，因此四處奔走，成立了土木測量技術養成所。

我哥就是唸那所學校，
是不是瑞芳高級工業職業學校？
哦！
那麼，你的哥哥
或許被我教過喔！
咦？源流先生是那裡的老師嗎？
我受到八田技師的影響，就讀土木學校。
畢業後，也從事與水庫相關的工作，
退休後才當老師。
八田技師後來過得如何呢？
……

一九四二年，八田與一為了去菲律賓建造新水庫，搭上了大洋丸這班船。
シュュルルル…
※咻咻咻……
※砰

可是，大洋丸遭到美國的潛水艇攻擊，船隻爆炸，沉沒海底。
※砰砰轟
是被魚雷炸沉的嗎？
日本當時正在和美國打仗。
不過，我始終認為八田技師的靈魂與那座銅像同在，永遠守護著烏山頭水庫……
那座銅像啊！

我想說的就是這些。
怎麼樣？你們還要丟石頭嗎？

我……
我丟不下去。
對不起！
我以前什麼都
不知道。
對不起！
沒關係，
知道了就好。

希望將來我們還有機會見面。
我們三個一定會再來這裡的。
你這個孩子，真是的！
竟然沒去補習班上課。
……
美泉，你竟然會做出那種事，
我真不敢相信。
對不起！

爸爸，對不起！
我想學英文、法文和其他語言。
咦？
你怎麼會突然這樣想？
爸爸，我要更加用功讀書。
我也是！我會更認真的思考農業的問題。
你們是不是擔心會被罵，
才故意說這種話讓我們高興呢？

才不是呢！臺灣已經是先進國家了吧？
所以我想要學習一些技術，再傳授給其他國家。
是……是嗎？
你們幾個到底是怎麼了？
我們希望能成為一個不輸給八田技師的人。
嗯，對！
八田技師……

原來如此，是那個人告訴你們八田技師的事情啊！
原來是這麼一回事。
好，我知道了，我們回家吧！
可是你們今天太亂來了，回家後該罰的還是要罰喔。
※乒咚
※轟轟——
咦？怎麼這樣！

八田技師
至今仍坐守在
烏山頭水庫旁，
凝視著水庫的
潺潺流水，
守護著臺灣這塊土地。

學 習 資 料 館

八田與一……人物與時代

1938 年前後，於臺北自宅接受拍攝的八田與一。

● 照片提供／金澤故鄉偉人館　八田綾子

◉照片回顧◉

八田與一

一九一〇年（明治四十三年），八田畢業於東京帝國大學工科大學（現在的東京大學工學部）土木科。同年成為臺灣總督府的土木部技術員。

1923年（大正12年），為了搜集水庫的情報、現場考察、採購大型機械而赴美時所拍攝的照片。

1922年（大正11年），八田（右起第3人）向前來視察烏山頭水庫工程的前田侯爵（右起第4人）進行解說。前田侯爵為八田故鄉金澤的舊加賀藩前田家領主。

為了提高工作人員的士氣，八田舉辦了各種活動。這張是幹部們穿上戲服，打扮成七福神的照片（最右邊為八田）。

1927年（昭和2年）前後，八田夫妻乘坐轎子前去視察水庫取水口。外代樹夫人乘坐後方的轎子，手撐洋傘。

1923年（大正12年），守護著堰堤工程的八田（左上方右側的人物）。

1930年（昭和5年），工程完工後，八田家將遷回臺北，在烏山頭車站與前來送行的人合影，八田與一被人群包圍。

1935年（昭和10年），於臺北自宅前所拍攝的全家福照。八田育有2男6女共8名子女。後排最左邊的男生為長子晃夫，後來成為八田綾子（於第 150頁中做解說）之夫婿。

當時的建設預定地。因為臺灣為亞熱帶氣候，才會有廣大的原始林。

烏山頭水庫創建的過程

因為水庫建設工程規模宏大，八田與一將在日本國內幾乎不曾使用的技術與大型機械引進臺灣，進行土木工程。

大型土木機械的引進

八田與一為了進行在當時史無前例的大規模工程，從美國等地積極採購大型機具，加入工程現場。

氣壓式翻斗車

購入 100 輛。連接火車頭，使用在堰堤的建設上。

蒸汽挖土機

是當時的強力挖土機，動力為蒸汽。大小合計共投入 7 輛。

履帶式鏟土機

使用在水路等須挖掘地面的大型機械。

噴水車

以強力水柱噴射，鞏固土石的機械。

水庫工程的順序

以下將介紹當時所使用的最新技術「半水力回填式工法」的部分工程。

① 用蒸汽挖土機把採石場的砂石搬運到氣壓式翻斗車上。

② 用火車運送至堰堤。總共採購12 輛德國製火車頭。

③ 到了現場之後，氣壓式翻斗車便用蒸汽的力量撐起車臺，倒下砂石。

④ 用強力水柱噴向砂石，以水壓區分出砂土，慢慢堆砌。

如上圖所示，堆砌砂石增高堰堤。當時水庫已接近完工。

八田與一的長媳——八田綾子女士（攝於 2011 年 1 月）。

◉解說◉

烏山頭的回憶

八田綾子

原本應該是要介紹烏山頭水庫的建設狀況，不過我出生於昭和八年（一九三三年），是在水庫完工的三年後，任職於臺灣總督府土木部的父親赤堀信一成為烏山頭出張所的所長。在我的記憶中，我是在四歲左右搬到那裡的宿舍，當時八田一家已移居臺北，八田與一只是偶爾會來視察而已。我們當時居住的房子在八田與一住過的房子隔壁，直到我上小學六年級為止，我們都住在那裡。因此，我便來敘述一下當時的事情。

◉烏山頭宿舍是座快樂的「村子」

在我的印象中，烏山頭宿舍是座「鄉下的村莊」。只是，和一般村莊不同的地方是，只要夜幕低垂便會有電影放映，還會請來魔術師或馬戲團舉辦一些受大家歡迎的活動。或許是八田與一指示要為在宿舍生活的工程師或作業員們建造一個適合居住的環境吧！當時的八田與一住所被當成是

當時的烏山頭宿舍，〇標示處為八田與一家。綾子女士於八田與一搬家後，住在其左側的房子。

追憶與一的唯一場所，在使用上倍受珍惜。

但是，八田與一在工作上抱持著非常嚴謹的態度。在我幼小的心靈中，只記得當八田與一要來視察時，曾是他直隸下屬的父親，總是從一大早就非常緊張。我想他的壓力是「若是被八田先生質問，一定要非常正確的回答才可以」，甚至連服裝儀容都要非常整潔。或許是因為土木工程總是伴隨著危險，所以不容許有絲毫的疏忽吧！

包含這類對工作的態度，八田與一在當時的確是受眾人尊敬的人物。雖然有許多人在死後會受到評判，但是，當時只是小學生的我，也能感受到當地台灣人以及日本人對他的尊敬。

◉大戰結束前的烏山頭

外代樹女士與孩子們在八田與一身故之後，在第二次世界大戰即將結束前，曾經在烏山頭住了半年左右。他們是從受到激烈空襲的臺北前來避難的。當時我正值青春期，非常怕生，所以和他們的交流並不多，真的非常可惜。不過，我記得外代樹女士會送糖果、餅乾，也會做人偶給我的幼小弟妹，現在想想，我真的打從心裡認為，當初該多和她聊聊才對。

1937 年（昭和 12 年）左右，攝於臺灣南部的視察旅行。坐於前排最左邊者為八田與一，站於其後方者為綾子女士的父親——赤堀信一。

在日本的戰敗可能性變高時，很多日本人為了躲避空襲而逃難到烏山頭，也時常會有日本的士兵來到宿舍，他們有一部分人是來休息的，因為烏山頭有「在烏山頭可以吃到豐盛的料理」這麼一個好評。在當時，烏山頭的宿舍受到水庫的眷顧，可以捕捉到魚類等食材。雖然烏山頭水庫有軍隊駐守，更是從海上而來的戰鬥機必經之路，可是，從未受到攻擊。或許美軍認為這裡具有戰後復興的重要性，所以沒有破壞吧！不過，這只是我個人的想法，我並不知道真相到底如何。

八田與赤堀兩家，在回到日本後也很有緣，我與八田與一的長男結婚、成立家庭。雖然我當時還小，可是，我與夫婿晃夫的初次邂逅，也是在烏山頭。我在臺灣出生，擁有兩位為臺灣貢獻的父親，為了日本與臺灣的交流，可以盡到微薄之力的話，是我的光榮。

蘇俊雄先生
財團法人紀念八田與一文化藝術基金會創會董事長
臺灣大學法學院教授榮退
曾任中華民國第六屆司法院大法官

◉解說◉

烏山水遠長流嘉南

蘇俊雄

一八九五年，臺灣成為日本領土時，原是一片荒蕪之地，社會混亂，衛生不良，仍有瘧疾、霍亂等傳染病盛行。一九一〇年，八田與一自日本東京帝國大學工科大學土木科畢業後，隨即到臺灣總督府任職，直到五十六歲過世為止，幾乎一生都在臺灣度過，為這塊土地盡心奉獻。

◉八田與一的建樹與影響

深愛臺灣的他，為了讓當地居民幸福過日，以「大無畏」的精神與毅力，排除萬難，採用「半水力回填式工法」施造「黏土遮心壁」的堰堤工程，終於在一九三〇年完成當時亞洲第一座大水庫。八田與一技師另以本土化生產建設理念，實施水稻、甘蔗與雜作的三輪農耕制度，使曾是不毛荒地的嘉南平原「看天田」變為「米倉」，為民眾的生產、生態、生活的平衡發展樹立處事規範，嘉惠農民超過六十萬人，灌溉面積達十五萬公

殉工碑石板的正面，刻有八田與一為悼念水庫工程期間因事故或染病喪命的施工人員及其家屬的追悼文。

頃，讓無數民眾豐衣足食。所以，八田與一過世後，當地民眾為他蓋了墳墓與銅像，奉為臺灣人的守護神，發自內心感謝他的恩惠。

◉水庫建造過程中的人文關懷

八田與一不僅技術能力超群，也是值得敬仰的人格者。李前總統登輝先生形容他是「社會公平正義的實踐者」。也許是他生長在金澤，人文薈萃、民風優美之鄉，天性使然，具「眾生皆平等」觀念的素養。雖然面對殖民地人民，但他完全不在乎階級、頭銜、人種或民族差別，很少統治者有此寬闊胸懷。比如，嘉南大圳施工期間總計一百三十多人犧牲，大圳完工後，八田先生要求興建殉工碑，所有殉職人員全列其名，並未將日本人擺在前面。

他高超的人生觀與思想，也表現於烏山頭工程因預算裁員的故事上。八田認為「大型工程，並非少數優秀員工可完成，貢獻最大的其實是為數眾多的下層勞工，更何況能力強者，較容易謀生；能力弱者，一旦失業就生活困難。為了保障能力較弱者的生計，必須忍痛先解雇部分優秀職工」，這是八田技師充滿人情關懷的一面。他體貼下屬，敬重長者與上司

烏山頭水庫的山丘上，八田銅像遠眺水庫，彷彿仍然眷顧著嘉南農民的灌溉水脈。

前輩的風格，令嘉南平原一帶的民眾對他敬重有加。

◉飲水思源的領會

茲成立紀念基金會，以宏揚八田與一技師無國界限愛的精神，推動文化藝術、教育、觀光等活動，促進臺灣、日本與國際間的交流為宗旨。

特以一個當地農家子弟「飲水思源」的心，表達對這位偉大工程師的感念。回憶童年，在水庫壩堤上，常伴八田銅像遊玩，看到那穿著工作服裝、遠眺沉思的真摯坐姿，曾私下偷偷問他，究竟在想什麼，那樣入神？如今，臺灣已經是民主化的工業社會，個人一生潛習法律，在大法官釋憲九年退職後，能有機緣再深思「八田哲學」，想到彼此間是不是有條冥冥中互相牽連的線？經過以上的追憶，猜想八田銅像沉思靜坐在思考的或許是「水」的元素。「法」字帶有三點水，化成「平等、衡平、和平」的理念，正如八田一生治水，選擇「上善若水」的智慧，與追求眾生平等的人文理念。驀然心生此感，欣見八田與一傳記漫畫出版在即，為令覽者自通八田學之真意，而做此解說。

蘇俊雄 誌

二〇一二 二月

年表

八田與一的時代

西元	年齡	八田與一・烏山頭水庫	臺灣大事件	日本・世界大事件
1886年	0	2月21日出生於石川縣河北郡花園村（金澤市今町），為農家子弟，家裡的男孩排行第五。	1895年　甲午戰爭結束，中日簽訂馬關條約，臺灣割讓給日本。 1895年　臺灣民主國成立 1896年　日本頒布《六三法》殖民臺灣。	
1899年	13	就讀石川縣立第一中學（5年制）	1899年　日本殖民政府創辦臺灣銀行	1900年　八國聯軍之役
1904年	18	就讀第四高等學校大學預科二部工科（3年制）		1902年　日英締結同盟 1904年　日俄戰爭開始
1907年	21	就讀東京帝國大學工科大學土木科（3年制）	1908年　臺灣縱貫鐵路通車	1907年　英法俄三國協約形成
1910年	24	大學畢業後，渡海來臺，任臺灣總督府土木部技佐。		1910年　日本併吞韓國 1911年　辛亥革命，清朝滅亡。

年份	年齡	事蹟	臺灣	世界
1912年	26	臺灣島內調查旅行		1912年 日本進入大正時代 1912年 中華民國成立
1914年	28	任臺灣總督府技正		1914年 第一次世界大戰爆發 1914年 巴拿馬運河開通
1916年	30	前往中國華南、南洋視察用水設施。 任職土木局土木課監查股，負責發電灌溉工程。		
1917年	31	與米村外代樹（16歲）結婚		1917年 俄國革命
1918年	32	調查嘉南平原 訂立嘉南平原灌溉事業計畫		1918年 日本各地發生缺糧暴動 1918年 第一次世界大戰結束
1919年	33	任職總督府土木局設計股兼工程股 率80餘名技術人員測量嘉南平原灌溉土地，期間完成嘉南大圳工程設計案、預算案。		
1920年	34	官田溪埤圳※（灌溉水路及溜地）工程開工		1920年 國際聯盟成立
1921年	35	任嘉南大圳組合監督課長兼工事課長 烏山頭出張所、醫院、宿舍區、烏山嶺出口、堰堤中心混凝土工程、濁水溪導水設備開工。	1921年 林獻堂等人展開設置臺灣議會請願運動 1921年 臺灣文化協會成立	
1922年	36	與藏成信一、白木原民次技師赴美、加、墨西哥考察水庫。 任烏山頭出張所所長，遷居烏山頭。		1922年 俄羅斯蘇維埃聯邦社會主義共和國（簡稱蘇聯）成立

※流入烏山頭的官田溪

當時的嘉南大圳組合辦公廳

當時的烏山頭宿舍

西元	年齡	八田與一・烏山頭水庫	臺灣大事件	日本・世界大事件
1922年	36	烏山嶺隧道工程開始，12月6日發生瓦斯爆炸事件，死傷50餘人。		
1923年	37	嘉南大圳工程暫時中斷 公共埤圳嘉南大圳組合解僱半數職員		1923年 日本關東大地震
1924年	38	嘉南大圳工程復工 烏山頭水庫排水用隧道完工 濁水溪導水路、給水路完成，開始灌溉。		
1926年	40	烏山頭水庫堰堤填方（半水力回填式工法Semi-Hydraulic Fill Dam）開工	1926年 臺北高等學校創立	1926年 日本昭和元年
1927年	41	溢洪道開工	1927年 臺灣民眾黨成立	
1928年	42	舉行烏山嶺隧道開通典禮	1928年 臺北帝大創設	
1929年	43	烏山嶺隧道完工		1929年 世界經濟大恐慌
1930年	44	烏山頭水庫堰堤完工 舉行嘉南大圳竣工典禮 4月10日嘉南大圳開始通水 建立殉工碑	1930年 霧社事件爆發	1930年 倫敦縮減軍備會議
1931年	45	嘉南大圳本部移至臺南市		1933年 日本退出國際聯盟 1933年 美國總統羅斯

即將竣工的烏山頭水庫

烏山頭水庫的導水路

				福實行新政
1935年	49	受中華民國福建省主席陳儀委託，調查灌溉設施。		1933年　德國由希特勒執政
1937年	51	兼任總督府專賣局技師 兼任總督府殖產局農務課技師		1937年　中日戰爭開始 1939年　第二次世界大戰爆發
1940年	54	任農林調查團團長，實地調查海南島達一個半月之久。		1940年　日德義三國同盟成立
1941年	55	考察日本、朝鮮、滿洲、中國的主要水庫。	1941年　皇民奉公會成立，推展皇民化運動。	1941年　日本攻擊美國珍珠港，爆發太平洋戰爭。
1942年	56	以「南方開發派遣要員」的身分赴菲律賓，從事灌溉計畫調查。 5月8日，所搭乘的大洋丸遭美國潛水艇魚雷擊沉，於東海身亡。 總督府舉行府葬，嘉南大圳組合舉行喪禮。	1943年　實行六年制義務教育	1943年　開羅會議
1945年		外代樹帶子女至烏山頭避難 外代樹在烏山頭水庫放水口投水自盡（享年45歲）	1945年　中華民國政府代表聯軍接收臺灣 1945年　陳儀就任臺灣省行政長	1945年　日本戰敗，天皇宣布無條件投降。 1945年　第二次世界大戰結束 1945年　聯合國成立

前往海南島調查時與當地人合影（八田與一為右側後排第二人）。

大人物養成漫畫 ❸

嘉南大圳之父──八田與一

● 原書名／学習まんが人物館　八田與一

● 監修／德光重人（財團法人紀念八田與一文化藝術基金會）

● 漫畫／宮添郁雄

● 編撰／平良隆久

● 翻譯／江玉隆、龔千芳

【參考文獻】

《日台的橋樑・建造百年水庫的男人》齊藤充功（時事通信社）、《愛台灣的日本人　土木技師八田與一的生涯》古川勝三（創風社出版）、《嘉南大圳與八田與一》陳正美、《遊珊瑚潭》賴哲顯（南縣政府編印）。

發行人／王榮文

出版發行／遠流出版事業股份有限公司

地址：104005 台北市中山北路一段 11 號 13 樓

電話：(02)2571-0297　傳真：(02)2571-0197　郵撥：0189456-1

著作權顧問／蕭雄淋律師

2025 年 4 月 1 日 初版一刷

定價／新台幣 299 元（缺頁或破損的書，請寄回更換）

ISBN 978-626-418-139-6

YLib 遠流博識網　http://www.ylib.com　E-mail:ylib@ylib.com

◎日本小學館正式授權台灣中文版

● 發行所／台灣小學館股份有限公司

● 總經理／齋藤滿

● 產品經理／黃馨瑝

● 責任編輯／李宗幸

● 美術編輯／蘇彩金

國家圖書館出版品預行編目 (CIP) 資料

嘉南大圳之父：八田與一 / 平良隆久編撰；宮添郁雄漫畫；
江玉隆、龔千芳翻譯. -- 初版. -- 台北市：遠流出版事業股份
有限公司, 2025.04
面；　公分. --（大人物養成漫畫；3）

譯自：学習まんが人物館　八田與一
ISBN 978-626-418-139-6（平裝）

1.CST: 八田與一 2.CST: 傳記 3.CST: 水利工程 4.CST: 日本

783.18　　114002595

※ 本書為 2011 年日本小學館出版的《学習まんが人物館　八田與一》台灣中文版，在台灣經重新審閱、編輯後發行，因此少部分內容與日文版不同，特此聲明。

八田與一嘉言

灌溉水源滾滾環流不盡，諸子之名亦永垂不朽。

解說

一九三〇年（昭和五年），在烏山頭水庫完工之際，於水庫旁立下一座「殉工碑」。這座殉工碑是為了追悼在工程中因病或工程事故而殉職的一百三十多名施工人員，不分臺灣人、日本人，也沒有地位高低之區別，將其姓名按殉職順序刻於石碑上。

這句話是八田與一所撰追悼碑文中的一小段，意思是：「各位的名字將如同源源不絕、隨時注入的流水一般，永遠不會消失。」表現出烏山頭水庫與其周邊給水、排水設施在未來將永遠滋潤嘉南平原，殉職的人對於工程的貢獻也將永遠留存，也傳達了八田與一對水的心意。

在立下殉工碑的十二年後，八田與一在前往菲律賓進行土木調查的途中喪生。三年後，其妻外代樹如同追隨他一般，投身於烏山頭水庫的放水口。

雖然八田與一在立下殉工碑時，並沒有想到這一席話正好用在自己的人生上，可是，為了臺灣人民的灌溉水源而奉獻一生的八田夫妻，將與烏山頭水庫一起，永留人民心中。

◀殉工碑靜靜的矗立在水庫旁。

▲一九四二年（昭和十七年），八田與一及外代樹夫妻所拍攝的最後一張照片。一個月後，八田與一所乘的船因被潛水艇攻擊而沉沒。

▲直到現在，依然有滿滿的湖水。